AF372836

Walter Benjamin

Protokolle zu Drogenversuchen

e-artnow 2018

Robert Musil
Die Verwirrungen des Zöglings Törleß

Stefan Zweig
Untergang eines Herzens

Walter Benjamin
Deutsche Menschen

Stefan Zweig
Drei Meister. Balzac - Dickens - Dostojewski

Walter Benjamin
Selbstzeugnisse: Curriculum Vitae, Reisetagebücher, Aufzeichnungen, Protokolle zu Drogenversuchen

Walter Benjamin

Protokolle zu Drogenversuchen

Impressum:
Cover Bild: Walter Benjamin, Foto ID, 1928, Urheber unbekannt.

e-artnow, 2018
ISBN 978-80-273-1538-3

Werkausgabe:
Walter Benjamin; in >Gesammelte Schriften
Editorische Notiz:
Die Rechtschreibung, Interpunktion, Lautschrift und grammatische Besonderheiten blieben unverändert.

Bibliographischer Nachweis:
>Gesammelte Schriften<. adorno="" am="" auflage="" b="" frankfurt="" gebunden="" gershom="" hermann="" hrsg.="" i="" main="" mitwirkung="" rolf="" scholem="" schweppenh="" style="display:block" suhrkamp="" suppl.="" theodor="" tiedemann="" und="" unter="" von="" w.="">

Inhaltsverzeichnis

Protokolle zu Drogenversuchen

HAUPTZÜGE DER ERSTEN HASCHISCH-IMPRESSION

Geschrieben 18 Dezember 1927. 3½ Uhr früh

1) Geister schweben (vignettenhaft) hinter der rechten Schulter. Kühle in dieser Schulter. In diesem Zusammenhang: »Ich habe das Gefühl, daß außer mir 4 im Zimmer sind.« (Umgehung der Notwendigkeit sich mitzuzählen.)

2) Erläuterung der Potemkinanekdote durch die Erklärung: Suggestion sei: einem die Maske (des eignen Gesichts id est des Vorzeigenden) vorzuzeigen.

3) Verschrobene Äußerung über Äthermaske, die (selbstverständlich) auch Mund, Nase etc. habe.

4) Die beiden Koordinaten durch die Wohnung: Keller – Boden/ Horizontale. Große horizontale Dehnung der Wohnung. Zimmerflucht, aus der die Musik kommt. Aber vielleicht auch Schrecken des Korridors.

5) Unbegrenztes Wohlwollen. Versagen der zwangsneurotischen Angstkomplexe. Die Sphäre »Charakter« tut sich auf. Alle Anwesenden irisieren ins Komische. Zugleich durchdringt man sich mit ihrer Aura.

6) Das Komische wird nicht nur aus Gesichtern, auch aus Vorgängen herausgeholt. Man sucht Anlaß zum Gelächter. Vielleicht stellt sich auch nur darum so vieles, was man sieht, als »arrangiert«, als »Versuch« dar: damit man darüber lachen kann.

7) Dichterische Evidenzen ins Lautliche: ich stelle an einer Stelle die Behauptung auf, eben hätte ich in der Antwort auf eine Frage das Wort lange Zeit nur durch (sozusagen) die Wahrnehmung einer langen Zeit in dem Lautbestand der beiden Worte gebraucht. Ich empfinde das als dichterische Evidenz.

8) Zusammenhang; Distinktion. Man fühlt im Lächeln sich kleine Flügel wachsen. Lächeln und flattern als verwandt. Man hat das Gefühl der Distingiertheit u. a. weil man sich so vorkommt, als lasse man im Grunde in nichts sich zu tief ein: bewege, wie tief man auch dringe, sich immer auf einer Schwelle. Art Spitzentanz der Vernunft.

9) Es fällt einem sehr auf, in wie langen Sätzen man spricht. Auch dies mit horizontaler Ausdehnung und (wohl) mit Gelächter zusammenhängend. Das Passagenphänomen ist auch die lange horizontale Erstreckung, vielleicht kombiniert mit Abflucht in die ferne flüchtigwerdende, winzige Perspektive. In solcher Winzigkeit läge ein Verbindendes von der Vorstellung der Passage mit dem Lachen. (Vgl. Trauerspielbuch: verkleinernde Macht der Reflexion.)

10) Ganz flüchtig taucht in einem Augenblick des Insichgekehrtseins so etwas wie eine Neigung auf, sich selber, seinen Körper zu stilisieren.

11) Unlust zu Auskunft. Rudimente von einem Zustande von Entrücktheit. Große Empfindlichkeit gegen offne Türen, lautes Reden, Musik.

12) Gefühl, Poe jetzt viel besser zu verstehen. Die Eingangstore zu einer Welt des Grotesken scheinen aufzugehen. Ich wollte nur nicht hereintreten.

13) Ofenröhre wird Katze. Beim Worte Ingwer ist anstelle des Schreibtisches plötzlich eine Fruchtbude da, in der ich sofort darauf den Schreibtisch wiedererkenne. Ich erinnerte an 1001 Nacht.

14) Unlustig und schwerfällig den Gedanken anderer zu folgen.

15) Man hat den Ort, den man im Zimmer einnimmt nicht ganz so fest inne wie sonst. So kann einem plötzlich – mir ging es ganz flüchtig so – das ganze Zimmer voll Menschen vorkommen.

16) Die Leute, mit denen man zu tun hat (insbesondere Joël und Fränkel) sind sehr geneigt, sich etwas zu verwandeln, nicht fremd möchte ich sagen zu werden, nicht vertraut zu bleiben sondern so etwas wie Fremden ähnlich zu sehen.

17) Mir schien: ausgesprochene Unlust, mich über Dinge des praktischen Lebens, Zukunft, Daten, Politik zu unterhalten. Man ist an die intellektuale Sphäre gebannt wie manchmal Besessene auf die sexuelle, ist von ihr angesaugt.

18) Nachher mit Hessel im Cafe kleiner Abschied von der Geisterwelt. Winken.

19) Das Mißtrauen gegen Essen. Ein besonderer und sehr akzentuierter Fall des Gefühls, was man bei vielem hat: »Das ist doch nicht dein Ernst, daß du so aussiehst!«

20) F's Schreibtisch verwandelt sich als er von »Ingwer« spricht für eine Sekunde in eine Bude mit Früchten.

21) Mit dem Gelächter bringe ich in Zusammenhang das außerordentliche Meinungsschwanken. Es hängt, genauer gesagt, unter anderm mit der großen Detachiertheit zusammen. Ferner ist diese Unsicherheit, die möglicherweise bis zur Affektation geht, gewissermaßen eine Projektion des inneren Kitzelgefühls nach außen.

22) Auffallend ist, daß man Hemmungsgründe, die im Aberglauben etc. liegen und die man sonst nicht leicht benennt ziemlich impulsiv ohne starken Widerstand frei heraussagt.

In einer schillerschen Elegie heißt es »Des Schmetterlings zweifelnder Flügel.« Dieses zum Zusammenhange des Beschwingtseins mit dem Gefühl des Zweifels.

23) Man geht die gleichen Wege des Denkens wie vorher. Nur sie scheinen mit Rosen bestreut.

HAUPTZÜGE DER ZWEITEN HASCHISCH-IMPRESSION

Geschrieben 15 Januar 1928 nachmittags ½ 4

Die Erinnerung ist weniger reich, trotzdem die Versunkenheit eine geringere als beim vorigen Mal war. Ich war, genau gesagt, weniger versunken, aber tiefer drinnen.

Auch haften in der Erinnerung mehr die trüben, fremdartigen, exotischen Partien des Rausches als die lichten. Ich erinnere mich an eine satanische Phase. Das rot der Wände wurde bestimmend für mich. Mein Lächeln nahm satanische Züge: wenn auch mehr den Ausdruck satanischen Wissens, satanischen Genügens, satanischen Ruhens an als den satanischen, zerstörenden Wirkens. Das Eingelassensein der Anwesenden in den Raum steigerte sich; der Raum wurde samtner, flammender, dunkler. Ich nannte den Namen Delacroix.

Die zweite ganz starke Wahrnehmung war das Spiel mit dem Nebenzimmer. Man beginnt überhaupt mit Räumen zu spielen. Es entstehen Verführungen des Orientierungssinnes. Was man im wachen Zustande aber nur an der sehr unangenehmen Verschiebung kennt, die man willkürlich hervorruft indem man nachts in einem Zuge auf dem Rücksitz fahrend sich einbildet man fahre auf dem Vordersitz oder umgekehrt, das läßt sich aus der Bewegung ins Statische übersetzt hier als Verführung erfahren.

Der Raum verkleidet sich vor uns nimmt wie ein lockendes Wesen die Kostüme der Stimmungen um. Ich erfahre das Gefühl, nebenan im Zimmer könnte sowohl die Kaiserkrönung Karls des Großen wie die Ermordung Heinrichs des IV, die Unterzeichnung des Vertrages von Verdun und die Ermordung Egmonts sich abgespielt haben. Die Dinge sind nur Mannequins und selbst die großen welthistorischen Momente sind nur Kostüme unter denen sie die Blicke des Einverständnisses mit dem Nichts, dem Niedrigen und Banalen tauschen. Sie erwidern dem zweideutigen Zwinkern von Nirwana herüber.

In dieses Einverständnis garnicht hineinbezogen zu sein, das macht dann das »satanische Genügen« aus, von dem die Rede war. Hier ist auch die Wurzel der Sucht, die Mitwisserschaft mit dem Nichtsein grenzenlos zu vertiefen durch Steigerung der Dosis.

Vielleicht ist es keine Selbsttäuschung zu sagen, daß man in diesem Zustand eine Abneigung gegen den freien sozusagen uranischen Luftraum bekommt, der den Gedanken des »Draußen« beinah zur Qual werden läßt. Es ist nicht mehr, wie voriges Mal, das freundliche gesellige Verweilen im Raum aus Freude an der Situation wie sie ist sondern ein dichtes sich eingewebt sich eingesponnen haben, ein Spinnennetz in dem das Weltgeschehen verstreut wie ausgesogene Insektenleiber herumhängt. Von dieser Höhle will man sich nicht trennen. Hier bilden sich auch Rudimente eines unfreundlichen Verhaltens gegen die Anwesenden, Angst, daß sie einen stören, herauszerren könnten.

Aber auch dieser Rausch hat trotz der depressiven Grundlage seinen kathartischen Ausgang, wenn auch nicht den seligen des letzten, so einen findigen, der nicht ohne Anmut ist. Nur daß diese bei abklingender Wirkung, die denn doch eigentlich den Depressionszusammenhang deutlicher hinstellt, zu stande kommt, könnte unter Umständen dafür sprechen, daß an dem depressiven Charakter denn doch die Verstärkung der Dosis auch ihren Anteil hat.

Doppelte Struktur dieser Depression: einmal Angst und dann eine Unschlüssigkeit in einer damit verbundenen praktischen Frage. Dieser Unschlüssigkeit Herr geworden: plötzlich einem sehr versteckten Moment einer zwangshaften Versuchung auf die Spur gekommen, damit die Möglichkeit gewonnen, mich ihr etwas nachzugeben mit der Aussicht sie abzutun.

Den Hunger als schiefe Axe durch das System des Rausches gelegt.

Die große Hoffnung, Neigung, Sehnsucht Neuem, Unberührtem im Rausch nahezukommen, läßt diesmal kaum mehr im beschwingten Flattern sondern im müden, in sich versunkenen, entspannten, müßigen, trägen Wandel bergab sich erreichen. In diesem Bergabgehen glaubt man noch einige Freundlichkeit, noch einige attrativa zu entwickeln, Freunde mit einem dunkel umrandeten Lächeln mit sich mitzuführen, halb Lucifer halb Hermes traducens, nicht mehr der Geist und Mensch vom letztenmal.

Weniger Mensch, mehr Daimon und Pathos in diesem Rausch. Die ungute Gleichzeitigkeit des Bedürfnisses allein zu sein und dessen mit den andern zusammenbleiben zu wollen – ein Gefühl das in der tieferen Müdigkeit zum Vorschein kommt und dem man nachzugehen hätte – steigert sich. Man hat das Gefühl, diesem zweideutigen Zwinkern von Nirwana herüber nur ganz einsam in tiefster Ruhe sich überlassen zu können und braucht doch Anwesenheit der andern als leise sich verschiebende Relieffiguren am Sockel des eigenen Thrones.

Hoffnung als Kissen, das sich einem unterlegt, jetzt erst, nachwirkend.

Der erste Rausch machte mich mit dem Flatterhaften des Zweifels bekannt; das Zweifeln lag als schöpferische Indifferenz in mir selber. Der zweite Versuch aber ließ die Dinge zweifelhaft erscheinen.

Zahnoperation. Merkwürdige Erinnerungsverschiebung. Kann mich noch jetzt nicht von der Vorstellung befreien, die Stelle sei auf der linken Seite gewesen.

Noch beim Nachhausekommen, als die Kette vor der Badezimmertür schwer schließen will, der Argwohn: Versuchsanordnung. Man hört die Tuba mirans sonans, stemmt sich aber vergebens gegen die Grabplatte.

Es ist bekannt, daß wenn man die Augen schließt und leicht auf sie drückt, ornamentale Figuren entstehen, auf deren Form man keinen Einfluß hat. Die Architekturen und Raumkonstellationen, die man im Haschisch vor sich sieht, haben im Ursprung etwas damit Verwandtes. Wann und als was sie auftreten, das ist zunächst unwillkürlich, so blitzartig und unangemeldet stellen sie sich ein. Dann, wenn sie einmal da sind, kommt bewußter spielende Phantasie, um sich gewisse Freiheiten mit ihnen zu nehmen.

Man darf wohl ganz allgemein sagen, daß die Empfindung des »draußen«, »außerhalb« mit einem gewissen Unlustgefühl verbunden ist. Vom »draußen« aber muß man scharf den noch so sehr ausgeweiteten Visionsraum unterscheiden, der zum draußen sich für den Menschen im Haschischrausch genau so verhält wie die Bühne zur kalten Straße für einen Theaterbesucher. Bisweilen scheint aber zwischen dem Berauschten und seinem Visionsraum etwas, um weiter in diesem Bilde zu reden, wie ein Proszenium zu liegen, durch das eine ganz andere Luft, das draußen, hindurchstreicht.

Die Todesnähe formulierte sich mir gestern in dem Satze: der Tod liegt zwischen mir und meinem Rausch.

Das Bild vom Selbstanschluß: gewisse geistige Dinge kommen »von selbst zu Wort«, wie sonst etwa heftige Zahnschmerzen etc. Alle Empfindungen, vor allem auch geistige, haben ein stärkeres Gefälle und reißen die Worte in ihrem Bette mit sich.

Dieses »zweideutige Zwinkern von Nirwana herüber« ist wohl nirgends so anschaulich geworden wie bei Odilon Redon.

Die erste schwere Schädigung, die eintritt, ist wohl die Unfähigkeit, über weitere Zeiten hinaus disponieren zu können. Es zeigt sich, wenn man dem näher nachgeht, das Erstaunliche an der Tatsache, daß wir über Nacht und Nächte hinaus disponieren können, d. h. über gewöhnliche Träume hinaus. Sehr schwer über die Träume (oder den Rausch) im Haschisch hinaus zu disponieren.

Bloch wollte leise mein Knie berühren. Die Berührung wird mir schon lange ehe sie mich erreicht hat, spürbar, ich empfinde sie als höchst unangenehme Verletzung meiner Aura. Um das zu verstehen, muß man mit-berücksichtigen, daß alle Bewegungen an Intensität und Planmäßigkeit zu gewinnen scheinen und daß sie schon als solche unangenehm wahrgenommen werden. Nachwirkung: vielleicht eine gewisse Schwächung des Willens.

Aber das Beschwingende gewinnt mit abklingender Wirkung die Oberhand. Hängt eine bei mir in der letzten Zeit (trotz häufiger Depression) aufwärtssteigende Schriftrichtung, wie ich sie noch nie bei mir beobachtet habe, mit Haschisch zusammen. Andere Nachwirkung: beim Nachhausekommen lege ich die Kette vor und als sich dabei eine Schwierigkeit ergibt, ist mein erster (sofort korrigierter) Gedanke: Versuchsanordnung?

Wenn auch der erste Rausch moralisch hoch über dem zweiten stand, so ist doch die Klimax der Stärke ansteigend. Ungefähr so zu verstehen: der erste Rausch lockerte und lockte die Dinge aus ihrer gewohnten Welt, der zweite stellte sie sehr bald in eine – diesem Zwischenreich weit unterlegene – neue.

Über die ständigen Abschweifungen im Haschisch. Zunächst die Unfähigkeit zuzuhören. So sehr sie im Mißverhältnis zu dem grenzenlosen Wohlwollen gegen die andern scheint, so sehr ist sie in Wahrheit mit ihm verwurzelt. Der Partner hat kaum den Mund geöffnet, so enttäuscht er uns grenzenlos. Was er sagt bleibt unendlich weit hinter dem zurück, was wir ihm, hätte er geschwiegen, so gerne und mit tausend Freuden zugetraut und geglaubt hätten. Er enttäuscht uns schmerzlich durch sein Abgleiten vom größten Gegenstande aller Aufmerksamkeit: uns selber.

Was aber unser eigenes Abgleiten, Abspringen vom Gesprächsgegenstand angeht, so sieht das Gefühl, das der physischen Kontaktunterbrechung entspricht, etwa so aus: wovon wir gerade zu sprechen vorhaben, das lockt uns unendlich; was uns intentional vorschwebt, danach breiten wir liebend die Arme aus. Kaum haben wir es aber berührt, so enttäuscht es uns gänzlich: der Gegenstand unserer Aufmerksamkeit welkt unter der Berührung der Sprache plötzlich hin. Er altert um Jahre, unsere Liebe hat ihn in einem einzigen Augenblick gänzlich erschöpft. So ruht er aus: bis er uns lockend genug erscheint, uns wieder auf ihn zurückzuführen.

Auf das Kolportagephänomen des Raumes zurückzukommen: es wird simultan die Möglichkeit aller potentiell in diesem Räume etwa geschehnen Dinge wahrgenommen. Der Raum blinzelt einen an: Nun, was mag sich in mir wohl zugetragen haben? Zusammenhang dieses Phänomens mit der Kolportage. Kolportage und Unterschrift. So vorzustellen: man denke sich einen kitschigen Öldruck an der Wand und im unteren Teile des Rahmens einen länglichen Streifen herausgeschnitten. Durch die untere Leiste liefe ein Band und nun erschienen in dem Spalt Unterschriften die einander ablösten: »Ermordung Egmonts«, »Kaiserkrönung Karls des Großen« etc.

Ich sah in diesem Versuch öfters Lauben mit Bogenfenstern und sagte einmal: ich sehe Venedig, aber es sieht aus wie der obere Teil der Kurfürstenstraße.

»Ich fühle mich schwach« und »ich weiß mich schwach« – das sind grundverschiedene Intentionen. Vielleicht hat nur die erste eigentlich ausdrucksmäßigen Niederschlag. Aber im Haschisch kann man beinahe von einer Alleinherrschaft der zweiten reden und vielleicht erklärt das, wieso trotz gesteigertem »Innenleben« der Gesichtsausdruck verarmt. Dem Unterschied dieser beiden Intentionen ist nachzugehen.

Weiterhin: Funktionsverschiebung. Diesen Ausdruck übernehme ich von Joel. Hier die Erfahrung, die mich darauf brachte: Man gab mir in der satanischen Phase ein Buch von Kafka in die Hand »Betrachtung«. Ich las auf dem Titel. Dann aber wurde mir dieses Buch sofort das, was ein Buch in der Hand eines Dichters dem vielleicht etwas akademischen Bildhauer wird, der ein Standbild dieses Dichters zu machen hat. Es wurde von mir unmittelbar dem plastischen Aufbau meiner Person eingefügt und demnach viel brutaler und absoluter mir untenan als die abfälligste Kritik es hätte zu stände bringen können.

Es war aber noch anders: nämlich als sei ich auf der Flucht vor Kafkas Geist und nun, im Augenblicke, da er mich berührte, verwandelte ich mich in Stein wie Daphne unter Apolls Berührung zu Epheu wird.

Zusammenhang der Kolportage-Intention mit den tiefsten theologischen. Sie spiegeln sie getrübt wider, versetzen in den Raum der Kontemplation, was nur im Räume des tätigen Lebens gilt. Nämlich: daß die Welt immer wieder dieselbe sei (daß alles Geschehen im gleichen Räume sich hätte abspielen können). Das ist im Theoretischen trotz allem eine müde, welke Wahrheit (trotz aller scharfen Sicht, die darin steckt) aufs höchste aber bestätigt sie sich im Dasein des Frommen, dem wie hier der Raum der Phantasie zu allem Gewesenen, so alle Dinge zum Besten dienen. So tief ist Theologisches hier in den Bereich der Kolportage gesunken. Ja man. darf sagen: die tiefsten Wahrheiten, weit entfernt aus dem Dumpfen, Tierischen des Menschen aufgestiegen zu sein, besitzen die gewaltige Kraft, noch dem Dumpfen, Gemeinen sich anpassen zu können, selbst im verantwortungslosen Träumer sich auf ihre Weise zu spiegeln.

PROTOKOLL DES HASCHISCHVERSUCHS VOM 11. MAI 1928

V.P. Joël.

Joel nahm um Uhr g. Cannabis ind.

J. erscheint gegen ½ 11 Uhr bei Benjamin. Hat vorher, nachdem er eingenommen hatte, eine Versammlung im Gesundheitshaus geleitet und in der Diskussion ungehindert gesprochen. Verspricht sich, als gegen 11 Uhr noch keine sichtbare Wirkung eingetreten ist, einen sehr geringen Erfolg. Kommt sich selbst verändert vor, dem Beobachtenden nicht. Das Gespräch geht von Arbeiten von B. aus, kommt von selbst auf Fragen erotischer bezw. sexualpathologischer Dokumente (Sammlung Magnus Hirschfeld). B. legt der Versuchsperson ein Album mit freien Abbildungen vor. Wirkung: Null. Das Gespräch bleibt rein wissenschaftlich.

Dagegen kuriose sozusagen mimetische Antizipationen bei Benjamin), der auffallend häufig ganz im Gegensatz zu J. den Faden des Gesprächs verliert, J. der sich einen Keks nimmt, Feuer dazu anbieten will.

Nach 11 Uhr Anruf bei Fränkel, der zu kommen verspricht. Dieses Gespräch kommt dem Beobachter geradezu als auslösender Faktor des H-Rausches vor. Am Telefon erster (gemäßigter) Lachanfall. Nach Schluß des Gesprächs starke Wirkung des Raumes, wozu zu bemerken: Das Telefon befindet sich nicht in B.s Zimmer, sondern in der anschließenden Wohnung; man muß um in das betreffende Zimmer zu gelangen, ein drittes Zimmer passieren. J. hat den Wunsch, in dem Zimmer, in dem er telefoniert hat, zu verbleiben, ist aber sehr unsicher, wagt sich nicht in die Sofaecke, gegen ein Kissen, zu lehnen, nimmt die Mitte des Sofas ein.

Schon vorher beim Durchgang durch das mittlere Zimmer gesteigerte Beobachtungsgabe (relativ zu der üblichen von B., die hier den einzigen Vergleichsmaßstab bildet). Dieses Durchgangszimmer ist nämlich mit eingerahmten Schriftproben erfüllt. J. entdeckt sofort eine Tafel, die kenntlich macht, es handle sich um eine Sammlung zur Geschichte der Schrift. B. hat diese Tafel niemals bemerkt. Noch auffallender beim Rückweg durch dieses Zimmer: An einer Stuhllehne ist ein violetter Luftballon festgebunden. B. sieht ihn gar nicht, Joël erschrickt. Die Lichtquelle, die sich vor dem Ballon befindet, erscheint J. in dessen Innern (violette Lampe, die er als »Apparat« anspricht).

In B.s Zimmer sofort mit dem Übergang in das neue Milieu völlige Desorientierung des Zeitsinns. 10 Minuten, die seit dem Telefongespräch verstrichen sind, erscheinen ihm als eine halbe Stunde. Die folgende Periode charakterisiert durch unruhige Erwartung von Fränkel. Die Phasen sind äußerlich kenntlich an wiederholten tiefen Atemzügen. Diskussion über J.s Formulierung: »Ich habe mich in der Zeit verschätzt.« Andere Formulierungen: »Meine Uhr geht rückwärts.« »Ich möchte mich zwischen die Doppelfenster stellen.« »Es könnte doch jetzt allmählich Fränkel werden.« Am Fenster stehend sieht Joel zwei Radfahrer: »Angeradelt kann er ja doch nicht kommen. Und gar zu zweit!«

Danach eine Phase tiefer Versunkenheit, aus der hier nur einzelnes festgehalten werden kann. Divagation über das Wort »Kollege«. Etymologische Überlegung. Für B. sehr auffallend, weil er am gleichen Tage 8 Stunden vorher über die Etymologie dieses Wortes im Stillen nachgedacht hatte. Er sucht das J. mitzuteilen. Dieser streng ablehnend: »Ich kann diese mediumistischen Gespräche nicht leiden unter Intellektuellen.«

Andere Formulierungen, deren Zusammenhang ich nicht mehr rekonstruieren kann: »Soll ich nun darüber malthusianistisch reden?« »Das kann jede Mutter mit 5 Kindern sagen.« (Das kann man jeder Mutter mit 5 Kindern sagen?) »Opponenz.« »Alimentenz.« Divagation über »wilde Männer«. »Symmetrie der Flegelmänner.« (Beziehung etwa auf die Titel wie die in der Vossischen Zeitung?) Neue Divagation über »ein Mittelding zwischen Kaiser und Kautsky«. (Bezog sich auf B.)

»Immer ein Haus mit so Linien und daran Leuchtergebilde (tiefer Seufzer). Leuchtergebilde erinnert mich sofort an etwas Sexuelles. Sexuelles muß ja anstandshalber sein.« In diesem Zusammenhang das Wort »Sekretorium«. Wenn ich einen Satz von ihm bestätige, so reißt ihn das

nach seinen Worten in eine hellere Phase hinauf. »Ich bin eben mit dem Lift heraufgefahren.«
Andere Reflexionen: »Ich weiß nur was ganz Formales … und auch das nicht mehr.« Oder :
»Wie ich das sagte, war ich die Kirche.« Oder: »Das war eben eine Sache. … Ach Gott, das sind
doch Verkörperungen minderwertiger Art.« Oder: »Man sieht den Goldklumpen liegen, aber
man kann ihn nicht heben.« Ergeht sich nun ausführlich darüber, daß Heben und Sehen völlig
verschiedene Akte seien. Behandelt das als eine Entdeckung.

B. bemerkt bei Gelegenheit, ermutigend, es finde keine Kontaktlösung zwischen J. und ihm
statt. J. reagiert außerordentlich heftig: Kontaktlösung sei eine contradictio in adjecto. Dann
Echolalien (perzipierend?): »Kontakt, Austakt, durch Takt, mit Takt in Spanien.« Diese Divagation aus einem frühen Stadium des Versuchs.

Andere Divagationen: Reaktion auf das Wort »Parallelen«, das B. fallen läßt: »Parallelen
schneiden sich in der Unendlichkeit – das sieht man doch.« – Dann aber lebhafte Zweifel, ob
sie sich schneiden, ob sie sich nicht schneiden.

Bruchstück: »… Durch diese Sache, die doch Schritte sein sollten, oder waren, was weiß ich.«
Andere Schwankungen: »Das glaube ich überhaupt nicht, daß Sie Versuchsscherze machen, dazu
fühlen Sie sich zu unsicher.«

Nach einiger Zeit ziehe ich mich in die Nähe von F. in den Zimmerhintergrund aufs Sofa
zurück. J. hat großes Gefallen an dieser Anordnung. F. ist unwohl, erhebt sich, ich begleite ihn
heraus. Er bleibt lange fort. In seiner Abwesenheit: Erst nahm J. an, wir besprächen draußen
eine Versuchsanordnung. Kam aber davon ab. Hört ein Klirren. Assoziiert daran Entzünden
eines Leuchters. Glaubt zu sehen, wie ich Fränkel mit einem Leuchter auf die Toilette führe.
Hieran anschließend schon ziemlich objektive Erörterungen. Allmähliche Aufhellung.

Nachzutragen aus der tiefsten Phase u. a.: Eine Ecke meines Schreibtischs wird J. zum Flot-
tenstützpunkt, Kohlenstation, etwas zwischen Wittenberg und Jüterbog. »Aber alles zu Zeiten
Waldersees.« Sodann eine sehr merkwürdige, schöne poetische Divagation über eine nie erlebte
Schulzeit in Myslowitz. Nachmittags in der Schule, draußen auf den Feldern die Sonne etc.

Dann verliert er sich in anderen Bildern: Berlin. »Nach dem Orient muß man reisen, um
die Ackerstraße zu verstehen.«

Aus der Phase der Erwartung von Fränkel: »Jetzt würde ich mich auf das Fensterbrett setzen.«
Anschließend lange Divagation über das Wort »drohen«. »Fränkel droht zu kommen.« Auf einen
anderen Infantilismus macht J. selbst aufmerksam. Er hat bei – gleichviel welcher – Gelegenheit
das Gefühl, F. verletze ihm gegenüber eine Zusage. Er habe ihm »doch die Hand darauf gegeben
(wie man das zwischen Jungen zu tun pflegt).«

Ende des Versuchs gegen 3 Uhr.

29. September. Sonnabend. Marseille

Um 7 Uhr abends nach langem Zögern Haschisch genommen. Ich war am Tage in Aix gewesen. Ich notiere, was etwa folgt, nur um festzustellen, ob sich Wirkungen einfinden, da mein
Alleinsein kaum eine andere Kontrolle zuläßt. Neben mir weint ein kleines Kind, das stört mich.
Ich denke, es ist schon eine dreiviertel Stunde verstrichen. Aber nun ist es doch erst eine halbe.
Daher … Denn abgesehen von einer ganz leichten Benommenheit ist mir nichts. Ich liege auf
dem Bett, las und rauchte. Mir gegenüber immer dieser Blick in den ventre von Marseille. (Nun
beginnen die Bilder Gewalt über mich zu bekommen.) Die Straße, die ich so oft sah, ist mir
wie der Schnitt, den ein Messer gezogen hat.

Einen letzten Anstoß Haschisch zu nehmen, gaben mir gewisse Seiten im »Steppenwolf«,
die ich heute früh gelesen hatte.

Ich fühle nun unbedingt Wirkung. Hauptsächlich negativ, indem mir Lesen und Schreiben
schwer fällt. Es ist eine dreiviertel Stunde (reichlich) vergangen. Nein, viel scheint nicht kommen zu wollen.

Gerade jetzt mußte das Telegramm von Speyer kommen: »Romanarbeit endgültig aufgegeben«
etc. Es tut nicht gut, wenn eine immerhin enttäuschende Nachricht in den werdenden Rausch

hineinhagelt. Aber ist es auch nur ein solcher? Einen Augenblick lang war's spannend, als ich dachte, nun kommt Brion herauf. Ich war heftig erregt.

(Zusatz beim Diktat: Das ging so vor sich: Ich lag wirklich mit der unbedingten Gewißheit, in dieser Stadt von Hunderttausenden, wo nur einer mich kennt, nicht gestört werden zu können, auf dem Bette, als es an meine Tür klopft. Hier war mir das überhaupt noch nicht passiert. Ich machte auch keineswegs Miene zu öffnen, sondern erkundigte mich, was es denn gäbe, ohne meine Lage im mindesten zu verändern. Der Hausdiener: »Il y a un monsieur, qui voudrait vous parler.« – »Faites le monter.« Ich stehe mit Herzklopfen gegen den Pfosten des Bettes gelehnt. Wirklich, es wäre sehr merkwürdig, jetzt Brion erscheinen zu sehen. »Le monsieur« aber war der Depeschenbote.)

Das Folgende am nächsten Morgen geschrieben. Unter durchaus herrlichen, leichten Nachwehen, die mir die Sorglosigkeit geben, die Reihenfolge nicht ganz zu beachten. Brion kam ja nicht. Ich verließ endlich das Hotel, mir schien die Wirkung auszubleiben oder so schwach werden zu sollen, daß die Vorsicht des Daheimbleibens unterlassen werden mochte. Erste Station das Café Ecke Cannebière und Cours Belsunce. Das vom Hafen gesehen rechte, also nichtmein gewöhnliches. Nun? Nur das gewisse Wohlwollen, die Erwartung, Leute einem freundlich entgegenkommen zu sehen. Das Gefühl der Einsamkeit verliert sich recht rasch. Mein Stock fängt an, mir besondere Freude zu machen. Der Griff einer Kanne, mit der hier Kaffee eingeschenkt wird, sieht auf einmal sehr groß aus und bleibt auch so. (Man wird so zart: fürchtet, ein Schatten, der aufs Papier fällt, könnte ihm schaden. – Der Ekel schwindet. Man liest die Tafeln auf den Pissoirs.) Ich würde mich nicht wundern, wenn der und der auf mich zukämen. Da sie es aber nicht tun, macht es mir auch nichts. Es ist mir dort aber zu laut.

Nun kommen die Zeit- und Raumansprüche zur Geltung, die der Haschischesser macht. Die sind ja bekanntlich absolut königlich. Versailles ist dem, der Haschisch gegessen hat, nicht zu groß und die Ewigkeit dauert ihm nicht zu lange. Und auf dem Hintergrunde dieser immensen Dimensionen des inneren Erlebens, der absoluten Dauer und der unermeßlichen Raumwelt, verweilt nun ein wundervoller, seliger Humor desto lieber bei den Kontingenzen der Raumund der Zeitwelt. Ich empfinde diesen Humor unendlich, wenn ich bei Basso erfahre, die warme Küche und das alles da oben würde gleich geschlossen, während ich mich eben niedergelassen habe, um in die Ewigkeit mich hineinzutafeln. Nachher dann nichtsdestoweniger das Gefühl, daß ja dies alles immer, dauernd, hell, besucht und belebt bleibt. Ich muß gleich notieren, wie ich bei Basso Platz fand. Mir kam es auf den Blick auf den vieux port an, den man von den oberen Etagen aus hat. Im Vorbeigehen, unten, erspähte ich einen freien Tisch auf den Balkons des zweiten Stockwerks. Schließlich kam ich doch nur bis zum ersten. Die meisten Tische am Fenster waren besetzt. Da ging ich auf einen ganz großen zu, der eben erst frei geworden schien. Im Augenblick des Platznehmens aber schien mir das Mißverhältnis: mich an einen so großen Tisch zu placieren, so beschämend, daß ich durch das ganze Stockwerk hindurch auf das entgegengesetzte Ende zuging, um an einem kleineren Platz zu nehmen, der eben dort mir erst sichtbar geworden war.

Aber das Essen war später. Erst die kleine Bar am Hafen. Ich war schon grade wieder im Begriff, ratlos kehrt zu machen, denn auch von dort schien mir ein Konzert und zwar ein Bläserchor entgegenzukommen. Gerade daß ich mir noch Rechenschaft davon geben konnte, das sei nichts anderes als das Geheul der Autohupen. Auf dem Wege zum vieux port schon diese wundervolle Leichtigkeit und Bestimmtheit im Schritt, die den steinigen, unregulierten Erdboden des großen Platzes, über den ich ging, mir zum Boden einer Landstraße machte, über die ich rüstiger Wanderer bei Nacht dahinzog. Denn die Cannebiere vermied ich um diese Zeit noch, meiner regulierenden Funktionen nicht ganz sicher. In jener kleinen Hafenbar begann dann der Haschisch seinen eigentlich kanonischen Zauber mit einer primitiven Schärfe spielen zu lassen, mit der ich ihn vordem wohl noch kaum erlebt. Er begann nämlich nun, mich zum Physiognomiker, jedenfalls zum Betrachter der Physiognomien zu machen, und ich erlebte etwas in meiner Erfahrung ganz Einziges: ich verbiß mich förmlich in die Gesichter, die ich da um mich hatte und die zum Teil von remarkabler Roheit oder Häßlichkeit waren; Gesichter, die ich gemeinhin aus dem doppelten Grunde gemieden hätte: weder hätte ich gewünscht, ihre Blicke auf mich zu ziehen, noch hätte ich ihre Brutalität ertragen. Es war ein ziemlich weit vorgeschobener Posten, diese Hafenkneipe. (Ich glaube, der äußerste, der mir ohne Gefahr noch zugänglich war und den ich hier, im Rausche, mit derselben Sicherheit ermessen hatte, mit der man tief ermüdet ein Glas mit Wasser so genau randvoll und daß kein Tropfen überfließt zu füllen versteht, wie man mit frischen Sinnen es niemals zustande bringt.) Immer noch weit genug entfernt von der rue Bouterie, aber doch saß da kein Bourgeois; höchstens neben dem eigentlichen Hafenproletariat ein paar Kleinbürgerfamilien aus der Nachbarschaft. Ich begriff nun auf einmal, wie einem Maler – ist es nicht Rembrandt geschehen und vielen anderen? – die Häßlichkeit als das wahre Reservoir der Schönheit, besser als ihr Schatzbehalter, als das zerrissene Gebirge mit dem ganzen inwendigen Golde des Schönen erscheinen konnte, das aus Falten, Blicken, Zügen herausblitzte. Ich erinnere mich besonders an ein grenzenlos tierisches, gemeines Männergesicht, aus dem mich plötzlich die »Falte des Verzichts« erschütternd traf. Es waren Männergesichter vor allem, die es mir angetan hatten. Es fing auch nun das lang ausgehaltene Spiel an, daß in jedem neuen Antlitz vor mir ein Bekannter auftauchte; oft wußte ich seinen Namen, oft wieder nicht; die Täuschung schwand wie im Traume Täuschungen schwinden, nämlich nicht beschämt und kompromittiert sondern friedlich und freundlich wie ein Wesen, das seine Schuldigkeit getan hat. Unter diesen Umständen konnte von Einsamkeit keine Rede mehr sein; war ich mir selber Gesellschaft? Das wohl denn doch nicht so ganz unverstellt. Ich weiß auch nicht, ob es mich dann so hätte beglücken können. Sondern wohl eher dieses: ich wurde mir selber der gewiegteste, zarteste, unverschämteste Kuppler und führte mir die Dinge mit der zweideutigen Sicherheit dessen zu, der die Wünsche seines Auftragsgebers aus dem Grunde kennt und studiert hat. Dann begann es eine halbe Ewigkeit zu dauern, bis der Kellner wieder erschien. Vielmehr ich konnte sein Erscheinen nicht abwarten. Ich trat in den Barraum ein und bezahlte am Tisch. Ob in solcher Kneipe Trinkgeld üblich, weiß ich nicht. Sonst aber hätte ich In jedem Falle etwas gegeben. Im Haschisch, gestern, war ich eher knauserig; aus Furcht, durch Extravaganzen aufzufallen, machte ich mich erst recht auffällig.

So auch bei Basso, mit der Bestellung. Erst ließ ich ein Dutzend Austern kommen. Der Mann wollte auch den folgenden Gang gleich bestellt wissen. Ich bezeichnete irgend etwas Normales. Er kam mit der Nachricht zurück, das sei nicht mehr da. Da strich ich auf der Karte in der Nähe dieser Speise herum, schien eins nach dem anderen bestellen zu wollen, dann fiel mir der Name des darüberstehenden ins Auge und so fort bis ich endlich beim obersten angelangt war. Das war aber nicht nur Verfressenheit sondern eine ganz ausgesprochene Höflichkeit gegen die Speisen, die ich nicht durch eine Ablehnung beleidigen wollte. Kurz, ich blieb an einem pâté de Lyon hängen. Löwenpastete, dachte ich witzig lachend, als es sauber auf einem Teller vor mir lag und dann verächtlich: Dies zarte Hasen- oder Hühnchenfleisch – was es nun sein mag. Meinem Löwenhunger wäre es nicht unangemessen erschienen, sich an einem Löwen zu sättigen. Im übrigen stand bei mir im stillen fest, ich würde, sowie ich bei Basso fertig sei, (das war gegen halb elf) in ein anderes Restaurant gehen, und ein zweites Mal zu Abend essen.

Erst aber noch der Gang zu Basso. Ich strich am Kai-Ufer lang und las einen nach dem anderen die Namen der Boote, die dort festgemacht waren. Dabei überkam mich eine unbegreifliche Fröhlichkeit und ich lächelte der Reihe nach allen Vornamen Frankreichs ins Gesicht. Mir schien die Liebe, die diesen Booten mit ihrem Namen versprochen war, wunderbar schön und rührend. Nur an einem Aero II, das mich an Luftkrieg erinnerte, ging ich unleutselig vorüber, genau wie ich zuletzt in der Bar, aus der ich gekommen war, über gewisse, allzu entstellte Mienen mit den Blicken hatte hinweggehen müssen.

Oben bei Basso begannen dann, wenn ich hinunter sah, zum ersten Male die alten Spiele. Der Platz vor dem Hafen, so sage ich es am besten, war wie eine Palette, auf der meine Phantasie die Ortsgegebenheiten durcheinander mixte, so und auch anders probierte: verantwortungslos, wenn man will, aber doch wie ein großer Maler auf seine Palette als auf ein Instrument schaut. Ich zögerte sehr, dem Wein zuzusprechen. Es war eine halbe Flasche Cassis, ein trockener Wein. Ein Stück Eis schwamm im Glase. Er vertrug sich aber trefflich mit meiner Droge. Ich hatte meinen Platz der geöffneten Scheibe wegen gewählt, durch die ich auf den dunklen Platz hinunterblicken konnte. Und wenn ich das von Zeit zu Zeit tat, bemerkte ich, daß er die Neigung hatte, mit jedem, der ihn betrat, sich zu verändern, gleichsam als bilde er ihm eine Figur, die, wohlverstanden, nichts mit dem zu tun hat, wie er ihn sieht, sondern eher mit dem Blick, den die großen Portraitisten des siebzehnten Jahrhunderts je nach dem Charakter der Standesperson, die sie vor eine Säulengalerie oder ein Fenster stellen, aus dieser Galerie, diesem Fenster herausheben.

Ich muß hier dies allgemein anmerken: Die Einsamkeit solchen Rausches hat ihre Schattenseiten. Nur vom Physischen zu sprechen, so gab es einen Augenblick dort in der Hafenkneipe, wo ein heftiger Druck aufs Zwerchfell Erleichterung in einem Summen suchte. Und weiterhin ist kein Zweifel, daß wirklich viel Schönes und Einleuchtendes unerweckt bleibt. Aber andrerseits wirkt die Einsamkeit dann wieder als Filter; was man am nächsten Tage niederschreibt, ist mehr als eine Aufzählung von Sekunden-Erlebnissen; der Rausch setzt sich in der Nacht mit schönen prismatischen Rändern gegen die Alltagserfahrung ab, er bildet eine Art Figur, und ist andenklicher als gewöhnlich. Ich möchte sagen: er schrumpft und bildet dabei eine Blumenform.

Man muß noch einmal, um den Rätseln des Rauschglücks sich näher zu bringen, über den Ariadne-Faden nachdenken. Welche Lust in dem bloßen Akt: einen Knäuel abzurollen. Und diese Lust ganz tief verwandt mit der Rauschlust wie mit der Schaffenslust. Wir gehen vorwärts: wir entdecken dabei aber nicht nur die Windungen der Höhle, in die wir uns vorwagen, sondern genießen dieses Entdekkerglück nur auf dem Grunde jener anderen rhythmischen Seligkeit, die da im Abspulen eines Knäuels besteht. Eine solche Gewißheit vom kunstreich gewundenen Knäuel, das wir abspulen – ist das nicht das Glück jeder, zumindest prosaförmigen, Produktivität? Und im Haschisch sind wir genießende Prosawesen höchster Potenz. De la poésie lyrique – pas pour un sou.

An ein sehr versunkenes Glücksempfinden, das nachher auf einem Seitenplatze der Cannebière auftrat, wo die rue Paradis in Anlagen mündet, ist schwerer heranzukommen als an alles bisherige. Ich finde glücklicherweise auf meiner Zeitung den Satz: »Mit dem Löffel muß man das Gleiche aus der Wirklichkeit schöpfen.« Mehrere Wochen vorher hatte ich einen Satz von Johannes V. Jensen notiert, der scheinbar Ähnliches sagte: »Richard war ein junger Mann, der Sinn für alles Gleichartige in der Welt hatte.« Dieser Satz hatte mir sehr gefallen. Er ermöglicht mir jetzt, den politisch-rationalen Sinn, den er für mich besaß, mit dem individuell-magischen meiner gestrigen Erfahrung zu konfrontieren. Während der Satz bei Jensen für mich darauf hinaus kam, daß die Dinge so sind, wie wir ja wissen, durchtechnisiert, rationalisiert und das Besondere steckt heute nur noch in den Nuancen, war die gestrige Einsicht durchaus anders. Ich sah nämlich nur Nüancen: und die waren gleich. Ich vertiefte mich innig in das Pflaster vor mir, das durch eine Art Salbe – Zaubersalbe – mit der ich gleichsam es überstrich, als eben dieses Selbe und Nämliche auch das Pariser Pflaster sein konnte. Man redet oft davon: Steine für Brot. Hier diese Steine waren das Brot meiner Phantasie, die plötzlich heißhungrig darauf geworden war, das Gleiche aller Orte und Länder zu kosten. Es kamen in dieser Phase, da ich im Dunklen saß, den Stuhl gegen die Wand eines Hauses, ziemlich isoliert Momente mit Suchtcharakter. Ich dachte mit ungeheurem Stolz daran, in Marseille hier auf der Straße im Haschischrausche zu sitzen; wer hier wohl noch meinen Rausch teile, an diesem Abend, wie wenige. Wie ich nicht fähig sei, kommendes Unglück, kommende Einsamkeit zu fürchten, immer bliebe der Haschisch. In diesem durchaus intermittierenden Stadium spielte die Musik eines Nachtlokals, das nebenan lag und der ich gefolgt war, eine außerordentliche Rolle. Merkwürdig war, wie mein Ohr sich darauf versteifte, »Valencia« nicht als »Valencia« zu erkennen. Glück fuhr in einer Droschke an mir vorüber. Es war ein Husch. Komisch war gewesen, wie vorher aus dem Schatten der Boote am Kai sich plötzlich in Gestalt eines Hafenbummlers und Gelegenheitsmachers Unger gelöst hatte. Und als ich an einem Nachbartische bei Basso wieder irgend so eine Literatenfigur auffand, sagte ich mir, nun erführe ich doch endlich, wozu die Literatur gut sei. Aber es gab nicht nur Bekannte. Hier im Stadium der tiefen Versunkenheit zogen zwei Figuren – Spießer, Strolche, was weiß ich – als »Dante und Petrarca« an mir vorüber. »Alle Menschen sind Brüder.« So begann eine Gedankenkette, die ich nicht mehr zu verfolgen weiß. Aber ihr letztes Glied war bestimmt viel unbanaler geformt als ihr erstes und führte vielleicht auf Tierbilder hinaus. Das war also ein anderes Stadium als jenes am Hafen, aus dem ich die kurze Notiz finde: » Nur Bekannte und nur Schönheiten« – nämlich die Vorübergehenden.

»Barnabe« stand auf einer Elektrischen, die vor dem Platze, an dem ich saß, kurz hielt. Und mir schien die traurig-wüste Geschichte von Barnabas kein schlechtes Fahrziel für eine Tram ins Marseiller Weichbild. Sehr schön war, was sich um die Tür des Tanzlokals herum begab. Ab und zu trat ein Chinese in blauseidenen Hosen und rosa leuchtender Seidenjacke heraus. Das war der Türsteher. Mädchen machten sich in der Öffnung sichtbar. Ich war sehr wunschlos gestimmt. Lustig war es, einen jungen Mann mit einem Mädchen in weißem Kleide daherkommen zu sehen, und sofort denken zu müssen: »Da ist sie ihm nun von drinnen im Hemde entflohen, und er holt sie sich wieder zurück. Na ja.« Es schmeichelte mir unglaublich der Gedanke, hier in einem Zentrum aller Ausschweifungen zu sitzen, und mit »hier« war nicht etwa die Stadt sondern der kleine, nicht sehr ereignisreiche Fleck gemeint, auf dem ich saß. Aber die Ereignisse kamen eben so zustande, daß die Erscheinung mich wie mit einem Zauberstab berührte und ich in einen Traum über sie versank. Die Menschen und Dinge verhalten sich in solchen Stunden wie jene Holundermark-Requisiten und Holundermark-Männchen im verglasten Stanniolkasten, die durch Reiben des Glases elektrisch geworden sind und nun bei jeder Bewegung in die allerungewöhnlichsten Beziehungen zu einander eintreten müssen.

Die Musik, die inzwischen immer wieder aufklang und abnahm, nannte ich die strohernen Ruten des Jazz. Ich habe vergessen, mit welcher Begründung ich mir gestattete, ihren Takt mit dem Fuß zu markieren. Das geht gegen meine Erziehung, und es geschah nicht ohne eine inwendige Auseinandersetzung. Es gab Zeiten, in denen die Intensität der akustischen Eindrücke alle anderen verdrängte. Vor allem in der kleinen Hafenbar ging mit einmal alles und zwar im Lärm von Stimmen, nicht von Straßen unter. An diesem Stimmenlärm war nun das Eigentümlichste, daß er ganz und gar nach Dialekt klang. Die Marseiller sprachen mir plötzlich sozusagen nicht gut genug französisch. Sie waren auf der Dialektstufe stehen geblieben. Jenes Entfremdungsphänomen, das hierin liegen mag, und das Kraus mit dem schönen Wort formuliert hat: »Je näher man ein Wort ansieht, desto ferner blickt es zurück«, das scheint hier auch auf Dinge zurückzugreifen. Jedenfalls finde ich unter meinen Aufzeichnungen die verwunderte Notiz: »Wie die Dinge den Blicken standhalten.«

Es klang dann ab, als ich über die Cannebiere ging und endlich einbog, um in einem kleinen Café des Cours Belsunce noch etwas Eis zu bekommen. Es war nicht weit von dem andern, ersten Café dieses Abends, in dem mich plötzlich das Liebesglück, das die Betrachtung einiger, im Winde sich wellender Fransen mir schenkte, davon überzeugte, daß der Haschisch ans Werk ging. Und wenn ich dieses Zustands mich erinnere, möchte ich glauben, der Haschisch besitzt die Kraft und die Uberredungsgabe der Natur gegenüber, sie die große Verschwendung des eigenen Daseins, die wir genießen, wenn wir verliebt sind, wiederholen zu lassen. Wenn nämlich in der ersten Zeit, da wir verliebt sind, unser Dasein der Natur wie goldene Münzen durch die Finger geht, die sie nicht halten kann und verschwenden muß, um dafür das neue Wesen, das neugeborene zu erhandeln, so wirft sie nun, ohne irgend etwas zu hoffen oder erwarten zu dürfen, uns mit vollen Händen dem Dasein hin.

HASCHISCH

Anfang März 1930

Ein geteilter zwiespältiger Verlauf. Ein Positivum: die Anwesenheit von Gert, die durch scheinbar sehr umfassende Erfahrungen dieser Art (Haschisch war ihr allerdings neu) zu einer die Wirkungen des Giftes armierenden Kraft wurde. Wie sehr, davon noch später. Andererseits Negativum: mangelnde Wirkung auf sie und Egon, vielleicht durch Minderwertigkeit des Präparates hervorgerufen, das ein anderes Präparat war als ich nahm. Damit nicht genug, war meiner Phantasie Egons enge Bude durchaus nicht hinreichend und eine so schlechte Nahrung für meine Träume, daß ich zum ersten Mal fast während des ganzen Verlaufes die Augen geschlossen hielt. Das führte zu Erfahrungen, die mir vollständig neu waren. War der Kontakt mit Egon Null wenn nicht negativ, so hatte der mit Gert eine etwas zu sinnliche Färbung, um einen rein filtrierten intellektualen Ertrag des Unternehmens zu ermöglichen.

Ich sehe aus gewissen späteren Mitteilungen von Gert, daß der Rausch immerhin so tief war, daß mir die Worte und Bilder gewisser Stadien entschwunden sind. Da zudem der Kontakt mit anderen für den Berauschten unerläßlich ist, um zu gedanklich und sprachlich artikulierten Äußerungen zu gelangen, so ist aus dem oben Gesagten schon zu entnehmen, daß die Einsichten diesmal in keinem Verhältnis zur Tiefe des Rausches und, wenn man will, des Genusses standen. Desto mehr Anlaß, dasjenige herauszuheben, was als Kern dieses Versuchs sowohl in den Mitteilungen von Gert, als in meiner Erinnerung erscheint. Dies sind Mitteilungen, die ich über das Wesen der Aura machte. Alles was ich da sagte, hatte eine polemische Spitze gegen die Theosophen, deren Unerfahrenheit und Unwissenheit mir höchst anstößig war. Und ich stellte – wenn auch gewiß nicht schematisch – in dreierlei Hinsicht die echte Aura in Gegensatz zu den konventionellen banalen Vorstellungen der Theosophen. Erstens erscheint die echte Aura an allen Dingen. Nicht nur an bestimmten, wie die Leute sich einbilden. Zweitens ändert sich die Aura durchaus und von Grund auf mit jeder Bewegung, die das Ding macht, dessen Aura sie ist. Drittens kann die echte Aura auf keine Weise als der geleckte spiritualistische Strahlenzauber gedacht werden, als den die vulgären mystischen Bücher sie abbilden und beschreiben. Vielmehr ist das Auszeichnende der echten Aura: das Ornament, eine ornamentale Umzirkung in der das Ding oder Wesen fest wie in einem Futteral eingesenkt liegt. Nichts gibt vielleicht von der echten Aura einen so richtigen Begriff wie die späten Bilder van Gogh's, wo an allen Dingen – so könnte man diese Bilder beschreiben – die Aura mit gemalt ist.

Aus einem anderen Stadium. Erste Erfahrung die ich von der audition colorée machte. Was Egon sagte, wurde von mir dem Sinne nach nicht sehr aufmerksam aufgenommen, weil mein Vernehmen seiner Worte sich unmittelbar in die Wahrnehmung farbiger, metallischer Flitter umsetzte, die zu Mustern zusammentrafen. Ich machte es ihm durch den Vergleich mit den Strickmustern begreiflich, die wir als Kinder in »Herzblättchens Zeitvertreib« als schöne bunte Tafeln geliebt haben.

Noch merkwürdiger ist vielleicht ein späteres Phänomen, das an mein Vernehmen von Gerts Stimme sich anschloß. Das war zu der Zeit, als sie selbst Morphium genommen hatte und ich, ohne irgend eine Kenntnis der Wirkungen dieser Droge, außer etwa aus Büchern, zu haben, ihren Zustand auf Grund – wie ich selber behauptete – der Intonation, mit welcher sie sprach, völlig eindringend und zutreffend ihr beschrieb. Im übrigen war diese Wendung – Egons und Gerts Abbiegung in das Morphium – für mich in gewissem Sinne das Ende des Experiments, allerdings auch ein Höhepunkt. Das Ende, weil bei der enormen Sensibilität, die Haschisch hervorruft, jedes Nichtverstandenwerden zu einem Leiden zu werden droht. Wie ich denn auch darunter litt, daß »unsere Wege sich getrennt hätten«. So formulierte ich nämlich. – Der Höhepunkt, weil die gedämpfte aber andauernde sinnliche Beziehung, die ich zu Gert fühlte, nun, als sie mit der Spritze hantierte (Instrumente, gegen die ich ziemliche Abneigung habe) sich, gewiß nicht ohne Einfluß des schwarzen Pyjamas, den sie trug – weil also diese ganze Beziehung sich nun schwarz färbte, und es vielleicht gar nicht ihrer sehr wiederholten und hartnäckigen

Versuche, mich Morphium nehmen zu lassen, bedurft hätte, um sie mir als eine Art Medea, eine kolchische Giftmischerin erscheinen zu lassen.

Einiges zur Charakteristik der Bilderzone. Ein Beispiel: Wenn wir zu jemandem reden und sehen dabei, wie der Betreffende eine Zigarre raucht oder im Zimmer hin und her geht etc. etc., so wundern wir uns nicht, daß wir, ungeachtet der Kraft, die wir darauf verwenden, zu ihm zu sprechen, noch die Fähigkeit haben, seinen Bewegungen zu folgen. Ganz anders aber müßte die Sache sich darstellen, wenn die Bilder, welche wir vor uns haben, indem wir zu jenem Dritten reden, in uns selbst ihren Ursprung haben. Das ist im gewöhnlichen Bewußtseinszustande natürlich ausgeschlossen. Vielmehr solche Bilder entstehen vermutlich, sie entstehen vielleicht sogar dauernd, sie bleiben aber dann unbewußt. Anders im Haschischrausch. Es kann dann, wie eben dieser Abend bewies, eine geradezu stürmische Bildproduktion unabhängig von jeder übrigen Fixierung und Ausrichtung unserer Aufmerksamkeit stattfinden. Während im gewöhnlichen Zustande freisteigende Bilder, auf die wir in keiner Weise aufmerken, eben unbewußt bleiben, bedürfen im Haschisch scheinbar die Bilder, um sich vor uns zu präsentieren, nicht im geringsten unserer Aufmerksamkeit. Freilich kann die Bildproduktion so außerordentliche Dinge und die so flüchtig und mit einer solchen Schnelligkeit zutage fördern, daß wir es ganz einfach der Schönheit und der Merkwürdigkeit dieser Bilderwelt wegen nicht mehr fertig bekommen, anderes als sie zu beachten. So brachte mich – wie ich jetzt aus einer gewissen Fertigkeit, Formulierungen des Haschisch selbst in klarem Zustande nachzuahmen, formuliere – jedes Wort von Egon, dem ich zuhörte, um eine weite Reise. Über die Bilder selbst kann ich wegen der ungeheueren Schnelligkeit mit der sie, übrigens in ziemlich kleinem Maßstabe, entstanden und wieder vergingen, hier nicht mehr viel sagen. Sie waren im wesentlichen gegenständlich. Oft aber mit einem stark ornamentalen Einschlag. Dinge die solchen Einschlag an sich haben, sind bevorzugt: Mauerwerk zum Beispiel oder Gewölbe oder gewisse Pflanzen. Ganz am Anfang bildete ich, um etwas zu kennzeichnen, was ich sah, das Wort »Strickpalmen« – Palmen, wie ich erklären könnte, gewissermaßen mit einem Maschenwerk wie von Jumpern. Dann auch ganz exotische, undeutbare Bilder wie wir sie von Gemälden der Surrealisten kennen. So eine lange Galerie von Rüstungen in denen niemand steckte. Keine Köpfe, sondern Flammen spielten um die Halsöffnung. Einen unerhörten Lachsturm löste bei den anderen mein »Niedergang der Kuchenbäckerkunst« aus. Damit hat es folgende Bewandtnis: Eine Weile erschienen mir riesige überlebensgroße Kuchen, Kuchen die so gewaltig waren, daß ich, als stünde ich vor einem hohen Berge, nur einen Teil von ihnen sehen konnte. Ich erging mich ausführlich in Beschreibungen davon wie solche Kuchen so vollendet seien, daß man nicht nötig habe sie zu essen, weil sie unmitttelbar durch die Augen alle Begierde stillten. Und ich nannte das »Augenbrot«. Wie es dann zu der oben erwähnten Prägung kam, ist mir nicht mehr erinnerlich. Aber ich glaube nicht zu irren, wenn ich sie mir so konstruiere: daß man die Kuchen heutzutage essen müsse, daran sei eben Schuld der Niedergang der Kuchenbäckerkunst. Ganz analog verfuhr ich mit dem Kaffee, welchen ich mir einschenken ließ. Wohl eine Viertelstunde, wenn nicht mehr, hielt ich das Glas voll Kaffee unbewegt in der Hand, erklärte unter meiner Würde, davon zu trinken, verwandelte es gewissermaßen in ein Zepter. Wie man denn im Haschisch von einem Bedürfnis der Hand nach dem Zepter wohl sprechen kann. An großen Prägungen war dieser Rausch nicht sehr reich. Ich erinnere mich an einen »Haupelzwerg« von welchem ich den anderen einen Begriff zu geben suchte. Faßlicher ist meine Erwiderung auf irgend eine Äußerung von Gert, die ich mit der üblichen grenzenlosen Verachtung aufnahm. Und die Formel dieser Verachtung war: »Was Sie da sagen, das ist mir gerade so gut wie ein Magdeburger Dach.«

Merkwürdig war der Anfang, da ich im ersten Vorgefühle des Rausches die Dinge mit den Instrumenten eines Orchesters verglich, wenn sie, bevor die Vorstellung anfängt, gestimmt werden.

Über den Versuch vom 7./8. Juni 1930

7./8. Juni 1930. Ganz tiefe Haschischdepression. Heftige Verliebtheit in Gert gefühlt. Maßlos in meinem Sessel verlassen; unter ihrem Alleinsein mit Egon gelitten. Und dabei war seltsamer Weise auch er eifersüchtig, drohte immer sich zum Fenster herauszustürzen, wenn Gert von ihm ginge. Sie hat es aber eben auch nicht getan. Gewiß waren die soliden Grundlagen meiner Trauer schon da. Vor zwei Tagen eine flüchtige Bekanntschaftsbegebenheit, die zum Vorschein brachte, wie sehr sich der Kreis meiner Betätigungen doch verengt hat, und nicht lange vorher (mich stört Klavier von oben) die bemerkenswerte Nacht mit Margarete Köppke, die so sehr auf meinem Kindsein bestand, daß ich deutlich heraushörte, wie sehr sie das Gegenteil von Mann mit dem Wort meinte und die mich so sehr zum Meinigen drängte. Ich fand Blochs Formel: arm, alt, krank und verlassen in mindestens drei ihrer Glieder gut auf mich anwendbar. Ich habe Zweifel, ob ich noch zu einer guten Wendung der Dinge komme. Die Zukunft gibt mir auf Land , auf Ort und Stelle, auf die Art und Weise des Wohnens nur den ungewissesten Ausblick, viele Freunde, aber ich gehe von Hand zu Hand, viele Fertigkeiten, aber keine davon zu leben und manche, die mir bei meiner Arbeit im Weg ist. Es war als wollten diese Gedanken mich festhalten, diesmal taten sie's auch und gleichsam mit Stricken, wie war ich geneigt, hinter allem Beschimpfenden, was Gert sagte, Offenbarungen zu sehen, die sie aus meinem Gesichte las, und Köppkes Rätseln mit Daten und Warnungen in mich aufzunehmen. Ich bin so traurig, daß ich fast ununterbrochen gefallen muß um zu leben. Ich war aber auch sehr entschlossen, mir Gert gefallen zu lassen. Als sie tanzte, trank ich jede Linie, die sich an ihr bewegte und was könnte ich über den Tanz und diese Nacht nicht alles sagen, wenn nicht der Satan selber dort oben Klavier spielte. Ich sprach, während ich ihr zusah, in dem Bewußtsein, vieles von Altenberg mir herzuborgen; Worte und Wendungen von ihm vielleicht, die ich selbst niemals bei ihm gelesen hatte. Ich suchte ihr, mitten während sie so im Tanzen war, ihren Tanz zu be- schreiben. Das Herrlichste war, daß ich alles an diesem Tanz sah, oder besser, so unendlich viel, daß mir klar war: alles, das wäre unfaßbar. Was ist die Neigung aller Zeiten, selbst des Kaffers oder mancher Worte, Gedanken, Klänge – Afrikas oder der Ornamente z. B. – zum Haschisch verglichen mit dem roten Ariadnefaden, den uns der Tanz durch sein Labyrinth gibt. Ich ließ ihr alle Chance, im Wesen, im Alter, im Geschlecht sich zu verwandeln, viele Identitäten zogen über ihren Rücken wie Nebel über den nächtlichen Himmel hin. Wenn sie mit Egon tanzte war sie ein schlanker schwarzbewehrter Junge, beide zogen tolle Figuren durchs Zimmer. Allein liebte sie sich viel im Spiegel. Das Fenster in ihrem Rücken stand schwarz und leer, ruckweise traten in seinen Rahmen die Jahrhunderte ein während sie mit jeder ihrer Geberden – so sagte ich ihr ein Schicksal aufgriff oder fallen ließ, es um sich wand, um sich ganz fest hineinzu- wickeln oder ihm nachhaschte, es liegen ließ oder ihm freundlich sich zuneigte. Was Odalisken wenn sie vor Paschas tanzen ihnen tun können, das tat mir Gert. Aber dann brach plötzlich diese Flut schimpfender Worte aus ihr heraus, die sie noch vor dem letzten wildesten Erguß zu stauen schien, ich hatte das Gefühl, sie beherrscht sich, sie hält das schlimmste zurück, und ich werde mich darin wohl nicht getäuscht haben. Dann kam das Alleinsein, Stunden später die Trostversuche mit Stirn und Stimme, aber da war der Gram im Innern meiner Sofabastion schon zu hoch gestiegen und ich bin nicht mehr gerettet worden. Damit ertranken die unnenn- barsten Gesichte mit, nichts, fast nichts hinübergerettet, wenn nicht oben auf dieser schwarzen Flut schwimmend die Spitze eines gotischen Kirchturms aus Holz, hölzerne Spitze mit bunten dunkeln grünen und roten Scheiben besetzt.

V.P. schläft plötzlich ein (1 Uhr 15).

CROCKNOTIZEN

I

Es gibt keine nachhaltigere Legitimation des crocks als das Bewußtsein, mit seiner Hilfe auf einmal, in jene versteckteste, im allgemeinen unzugänglichste Oberflächenwelt einzudringen, welche das Ornament darstellt. Fast überall umgibt es uns bekanntlich. Trotzdem versagt vor wenigem unsere Auffassungsgabe derart wie vor ihm. Gewöhnlich sehen wir es eigentlich kaum. Im crock dagegen beschäftigt seine Gegenwart uns intensiv. Das geht so weit, daß wir nun spielerisch mit tiefem Wohlbehagen jene Erfahrungen am Ornament ausschöpfen, die in den Kinderjahren und im Fieber sich uns vermerkbar machten; sie bauen sich auf zwei verschiednen Elementen auf, die beide im crock zu ihrer höchsten Wirkung kommen. Es handelt sich da einmal um die Mehrsinnigkeit des Ornaments. Es gibt keins, das sich nicht mindestens von zwei verschiednen Seiten ansehn ließe: nämlich als Flächengebilde oder aber als lineare Konfiguration. Meist jedoch erlauben die Einzelformen, die zu sehr verschiednen Gruppen vereinigt werden können, eine Mehrzahl von Konfigurationen. Diese Erfahrung allein verweist schon auf eine der innersten Eigentümlichkeiten des crocks: nämlich auf seine unermüdliche Bereitschaft, ein und demselben Sachverhalt – z. B. einem Dekor oder Landschaftsbilde – eine Vielzahl von Seiten, Inhalten, Bedeutungen abzugewinnen. Es wird an anderer Stelle darauf hinzuweisen sein, daß diese vielfältige Interpretierbarkeit, die ihr Urphänomen im Ornament hat, nur eine andere Seite der eigentümlichen Identitätserfahrung darstellt, die der crock eröffnet. Der andere Zug, mit dem das Ornament der Phantasie des crock entgegenkommt, besteht in seiner Perseveration. Es ist höchst eigentümlich, daß die Phantasie dem Raucher Objekte – und zumal besonders kleine – gern serienweise vorstellt. Die endlosen Reihen, in denen da vor ihm immer wieder die gleichen Utensilien, Tierchen oder Pflanzenformen auftauchen, stellen gewissermaßen ungestalte, kaum geformte Entwürfe eines primitiven Ornaments dar.

Es treten aber neben das Ornament gewisse andere Dinge derbanalsten Merkwelt, welche erst dem crock Sinn und Bedeutung, welche ihnen innewohnen, überliefern. Dahin gehören unter anderm Vorhänge und Spitzen. Die Vorhänge sind Dolmetscher für die Sprache des Windes. Sie geben jedem Hauch von ihm die Form und Sinnlichkeit weiblicher Formen. Und den Raucher, der sich in ihr Spiel versenkt, lassen sie alle Freude genießen, die ihm eine vollkommene Tänzerin gewähren kann. Ist aber der Vorhang ein durchbrochener, so kann er zum Instrument eines noch viel sonderbareren Spieles werden. Denn diese Spitzen werden sich dem Raucher gewissermaßen als Schablonen erweisen, welche er der Landschaft auflegt, um sie auf das eigentümlichste zu verwandeln. Die Spitze unterwirft die Landschaft, die hinter ihr zum Vorschein kommt, der Mode, ungefähr wie das Arrangement gewisser Hüte das Federkleid von Vögeln oder aber den Wuchs von Blumen der Mode unterwirft. Es gibt altmodische Ansichtspostkarten, auf denen ein »Gruß aus Bad Ems« die Stadt in Kurpromenade, Bahnhof, Kaiser Wilhelmdenkmal, Schule und Karolinenhöhe aufteilt, jedes in seinem ganz besondern kleinen Rund. Dergleichen Karten können am ehesten davon einen Begriff verleihen, wie der Spitzenvorhang im Landschaftsbilde seine Herrschaft übt. Eine Ableitung der Fahne aus dem Vorhang versuchte ich; sie ist mir aber entfallen.

Farben können eine ungemein starke Wirkung auf den Raucher ausüben. Eine Ecke im Zimmer der S. war mit Umschlagetüchern verziert, die an der Wand hingen. Auf einer mit einem Spitzentuche überdeckten Kiste standen ein paar Gläser mit Blumen. In den Tüchern und in den Blumen überwog das Rot in den verschiedensten Nüancen. Die Entdeckung dieses Winkels machte ich spät und plötzlich, in einem schon vorgerückten Teil der fête. Sie wirkte fast betäubend auf mich. Augenblicklich schien mir, daß meine Aufgabe darin bestehe, den Sinn der Farbe mit Hilfe dieses ganz unvergleichlichen Instrumentariums zu entdecken. Ich nannte diesen Winkel das »Laboratoire du Rouge«. Mein erster Versuch, die Arbeit in ihm aufzunehmen, glückte nicht. Später aber kam ich darauf zurück. Im Augenblick ist mir von diesem Unternehmen nur erinnerlich, daß sich die Fragestellung für mich verschoben hatte. Sie «war nun allgemeiner und erstreckte sich überhaupt auf Farben. Mir erschien ihr Unterscheidendes, daß sie vor allem Form besäßen, daß sie sich vollkommen identisch mit der Materie, an der sie erschienen, machten. Indem sie dennoch an den verschiedensten z. B. einem Blumenblatt und einem Blatt Papier ganz gleich aufträten, erschienen sie als Mittler oder Kuppler der Stoffbereiche; nur durch sie vermöchten die entlegensten sich mit einander vollkommen zu vereinigen.

II

Eine moralisierende Haltung, die wesentliche Einsichten in die Natur des crocks verstellt, hat auch eine entscheidende Seite der Intoxikation der Beachtung entzogen. Es handelt sich um die wirtschaftliche. Denn es heißt nicht zuviel behaupten, wenn man sagt: ein Hauptmotiv der Sucht ist in sehr vielen Fällen dies, die Eignung des Süchtigen für den Existenzkampf zu erhöhen. Und dieser Zweck ist keinswegs ein fiktiver; er wird vielmehr in sehr vielen Fällen tatsächlich erreicht. Das ist für niemanden verwunderlich, der die Vermehrung der Attraktivkraft hat verfolgen können, die das Gift dem Süchtigen ganz außerordentlich häufig zuteil werden läßt. Das Phänomen ist ebenso unbestreitbar wie seine Gründe verborgen liegen. Mutmaßen kann man, daß das Gift im Zuge der Veränderungen, welche es herbeiführt, auch eine Reihe von Erscheinungen zum Fortfall bringt, die dem Individuum vorwiegend hinderlich sind. Unliebenswürdigkeit, Rechthaberei und Pharisäertum sind Züge, denen man bei Süchtigen nur selten begegnen wird. Dazu kommt eine sedative Wirkung des Gifts, solange dessen Einfluß anhält, und nicht die kleinste Komponente in ihr ist in der Überzeugung eingeschlossen, daß eigentlich nichts es an Bedeutung und an Wert mit dem Gift aufzunehmen vermag. Das alles kann nun selbst bescheidneren Naturen eine Souveränität geben, die sie von Haus – und zumal in ihren beruflichen Funktionen – nicht besäßen. Besonders wertvoll wird diese Verfassung dem Einzelnen, weil sie sich nicht nur anderen – in den Veränderungen des Charakters und zumal der Physiognomie – kund gibt sondern daneben, und vielleicht sogar an erster Stelle, ihm, dem Süchtigen selber. Wie nämlich der Mechanismus der Hemmungen mit Vorliebe in einer rauhen, heiseren, belegten oder erstickten Stimme sich geltend macht, deren Veränderungen dem Sprechenden leicht spürbarer als dem Hörer werden, so gibt sich umgekehrt die Ausschaltung des gleichen Mechanismus, mindestens für das Gefühl des Subjekts in erster Linie durch eine überraschende, präzise, beglückende Beherrschung der eignen Stimme zu erkennen.

Die Entspannung, die diesen Vorgängen zu Grunde liegt, ist sehr wahrscheinlich nicht immer eine unmittelbare Wirkung der Drogen. Es kommt vielmehr in den Fällen, in denen sich mehrere Vergiftete zusammentun, noch etwas anderes hinzu. Mehreren Drogen ist die Eigenheit gemeinsam, das Vergnügen am Beisammensein mit Partnern so außerordentlich zu steigern, daß nicht selten eine Art von Misanthropie bei den Betroffenen entsteht. Der Umgang mit andern, welche ihre Praktiken nicht teilen, scheint ihnen ebenso wertlos wie lästig. Daß es durchaus nicht immer das Niveau der Unterhaltung ist, auf welches dieser Charme zurückgeht, ist selbstverständlich. Wahrscheinlich aber ist es auf der andern Seite auch mehr als ein bloßer Wegfall von Hemmungen, was solchen Sitzungen für viele derer, die sie gewohnheitsmäßig veranstalten, das ganz besondere gibt. Es scheint hier vielmehr etwas wie die Bindung der Minderwertigkeiten, der Komplexe und Störungen, welche in den verschiedenen Partnern ihren Sitz haben, stattzufinden. Die Süchtigen saugen gleichsam aus einander die schlechten Stoffe ihres Daseins an; wie wirken auf einander kathartisch. Daß dies mit außerordentlichen Gefahren verbunden ist, ist selbstverständlich. Auf der andern Seite kann dieser Umstand aber auch den großen, oft unersetzlichen Wert erklären, den dieses Laster gerade für die geläufigsten Konstellationen des täglichen Lebens besitzt.

Der Opiumraucher oder Haschischesser erfährt die Kraft des Blickes, hundert Orte aus einer Stelle zu saugen.

Morgenschlaf nach dem Rauchen. Es ist, so sagte ich, als sei das Leben wie Eingemachtes in einer Konserve verschlossen gewesen. Der Schlaf aber die Flüssigkeit, in der es gelegen habe und die nun, von allen Gerüchen des Lebens erfüllt, abgegossen werde.

»Les mouchoirs accrochés au mur tiennent pour moi la place entre torche et torchon.«

»Rot c'est comme un papillon qui va se poser sur chacune des nuances de la couleur rouge.«

FRITZ FRÄNKEL: PROTOKOLL DES MESKALINVERSUCHS VOM 22. MAI 1934

Walter Benjamin. 22.5.34.

Erhält um 10 h 20 mg Mescalin Merck subkutan in den Oberschenkel.

Die erste Reaktionszeit ist zunächst stimmungsmäßig charakterisiert. Es tritt nach 10 min eine Veränderung der Stimmungslage im Sinne der Unzufriedenheit ein. F. verläßt für kurze Zeit den Raum, der inzwischen verdunkelt war, und W. B. verbleibt bei offenem Fenster allein.

Bei Rückkehr von F. beschreibt er mit folgenden Worten seinen Eindruck vom Fenster: »Wenn man als Toter Sehnsucht nach irgend einem beliebigen Gegenstand aus dem früheren Leben empfinden würde, z. B. nach diesem Fenster, so würde es einem so erscheinen wie ich es jetzt sehe. Die toten und gegenwärtigen Gegenstände können eine Sehnsucht erwecken, wie man sie sonst nur beim Anblick eines Menschen, den man liebt, kennt.« In der folgenden Zeit verstärkt sich zunächst der Unmut sehr erheblich. Äußerlich kommt er zum Ausdruck in ziemlich regellosen motorischen Erscheinungen wie unruhiges Sich-umher-wälzen, fahrige Bewegungen mit Armen und Beinen. B. gibt ein Knautschen von sich, jammert über sich und seinen Zustand, über die Unwürde dieses Zustands. Er spricht von ihm als »Ungezogenheit«. Versucht eine psychologische Ableitung der Ungezogenheit; bezeichnet sie als »Nebelwelt der Affekte« und will damit sagen, daß in einem früheren Lebensstadium die Affekte sich noch nicht scharf von einander abgehoben haben, und, was man später als Ambivalenz bezeichnet, die Regel darstellt; spricht auch von der Weisheit der Ungezogenheit, sucht sich der gleichen Erscheinung mit der Erklärung zu nähern, der wahre Grund der Ungezogenheit sei der Verdruß des Kindes darüber, daß es nicht zaubern kann. Die erste Erfahrung, die das Kind mit der Welt macht, sei nicht, daß die Erwachsenen stärker sind, sondern daß es nicht zaubern kann.

Während dieser Zeit entwickelt sich in dauernd zunehmendem Grad eine ungeheuere Empfindlichkeit gegen akustische und optische Reize. Gleichzeitig wird kritisch geäußert, daß die Versuchsbedingungen ungünstig sind. Solch ein Versuch müsse im Palmenwald erfolgen. Im übrigen sei die erhaltene Dosis für B. viel zu gering: ein Gedankengang, der im Lauf des Versuchs immer wieder auftaucht und gelegentlich heftigen Unwillen zum Ausdruck kommen läßt.

Bei Prüfung des Pulses erweist sich B. als ungeheuer empfindlich gegen leichteste Berührung. (Puls selbst unverändert.) Im Laufe der Aussprache über diese Empfindlichkeit, jedenfalls im Zusammenhang, gewinnt das Phänomen des Kitzeins eine starke Bedeutung. Versuch der Erklärung des Kitzeins als ein tausendfaches Auf-einen-zukommen, Lachen als Abwehr.

Eine Betrachtung, die an andere Innervationen und an eine andere Gegenstandswelt anschließt, läßt ihre Zugehörigkeit zu einem tieferen Stadium des Rausches erkennen und wird im übrigen während seiner ganzen Dauer immer wieder abgewandelt. Diese Wandlung in der Verfassung der V.P. macht sich zunächst in Betrachtungen über das Streicheln, das Säumen, das Kämmen bemerkbar. Diese Verhaltensweisen werden mehr oder weniger eng an das Wesen der Mutter angeschlossen. Streicheln: das Geschehene ungeschehen machen, das Leben im Fluß der Zeit abwaschen. Es ist das eigentliche Walten der Mutter. Kämmen: der Kamm am Morgen treibt die Träume erst aus dem Haar. Kämmen ist auch ein Werk der Mutter. (Die Stiefmutter kämmt mit vergiftetem Kamm: Schneewittchen.) Auch im Kamm ist ein Trost und ein Ungeschehen-machen des Geschehenen. Dann das Säumen: hier geht die Betrachtung von der Mutter auf das Kind über; das Säumen des Kindes, das Trödeln: es zupft die Fransen aus den Erlebnissen, strähnt sie; darum trödelt das Kind. Saumseligkeit, so könnte man wohl den besten Teil seines Glücksgefühls nennen. – Als Gegensatz zu dieser Welt taucht gelegentlich das Männliche auf, wird u. a. symbolisiert als Gitter. »Denn der Saum liegt, und das Gitter steht.«

Bei festem Augenschluß wird das Auftreten von farbigen Bildern verneint. Dagegen sieht B. vor sich Ornamentales, das geschildert wird als eine haarfeine Ornamentik. Es erinnert ein wenig an die Ornamentik, die man aufpolynesischen Rudern findet. Ornamentale Tendenzen machen sich auch in der Rede geltend. Die V.P. gibt gewissermaßen kleine Muster davon. In diesem Zusammenhang wird z. B. der Refrain als gemusterter Saum des Liedes bezeichnet.

B. selbst macht aufmerksam, daß er seine Hand beim Aufleuchten eines Streichholzes durchaus wächsern sieht.

Es wird Licht gemacht und Rorschach-Bilder werden vorgelegt. Sie werden zunächst als unerträglich einfach abgelehnt. »Das ist die gleiche Kitzlichkeit.«

Inzwischen taucht immer wieder erneut die Stimmung der Verdrießlichkeit, der Unlust auf. B. verlangt nun selbst noch einmal Rorschach-Bilder, um darüber hinwegzukommen.

VII wird gedeutet als eine 7 auf einer 0 stehend. (Vorher wurden auch jetzt wieder die Bilder abgelehnt; z. T. mit der Bemerkung: »Das habe ich schon früher abgelehnt.« VII wird als ästhetisch wertvoll bezeichnet. Als F. es aus der Entfernung etwas näher heranrückt, sagt V.P.: »Nicht näher! Ich darf es nicht anfassen. Wenn ich es anfasse, kann ich nichts mehr sagen.« Zur Erläuterung der Deutung 7 auf 0 nimmt B. ein Papier und schreibt: »7 steht auf der 0« Nun erfolgte eine längere Zeit hindurch unabhängig von den Rorschach-Bildern eine Beschäftigung mit Schreiben, die ausgeht von der Beobachtung der V.P., daß sie kindlich schreibt.

Zunächst wird die Deutung von II als Jukuthenfrauen, die sich anfaßten (?) gegeben, von I als zwei Pudel, der vordere verschwindet; jetzt entwickelt sich ein dritter Pudel.

VII a r grau-blau: Pelikan-Schäfchen, ein Wollschäfchen.

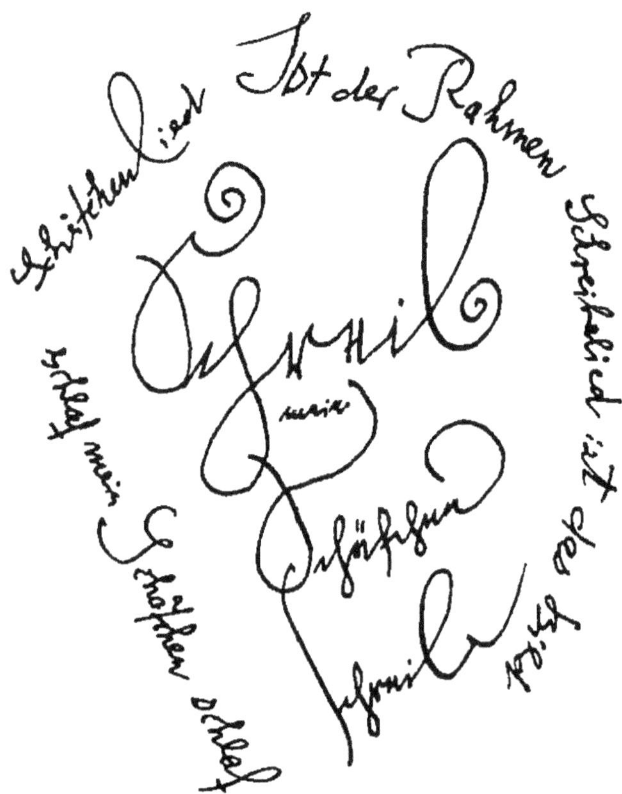

Im Anschluß an diese Deutung Schlaflied-Zeichnung. B. macht auf die Embryo-Form aufmerksam. Innerhalb der Zeichnung finden sich mehrfache Embryonen-Formen,
III als vier Parzen gedeutet. Dazu Schriftbild, wobei mit den einzelnen Worten das Wesen
der Hexen dargestellt werden soll. (s. Abbildung 3)

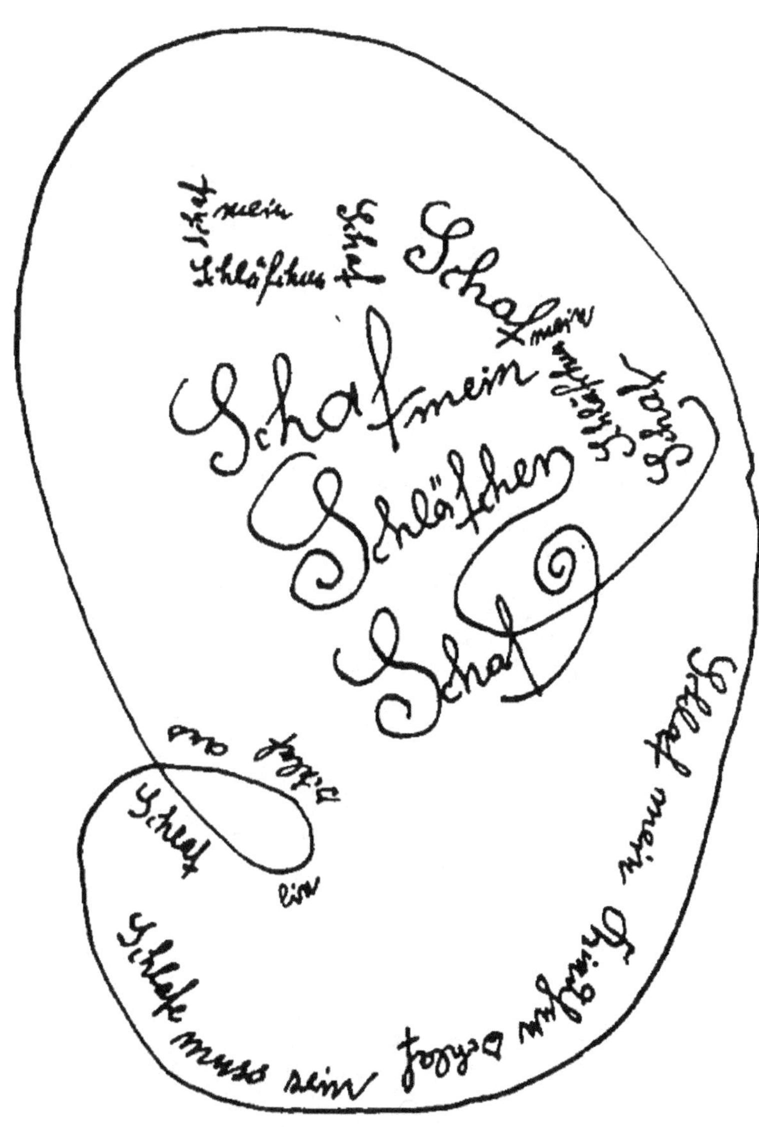

Erneute Dunkelheit. Im Verlauf der nächsten Versuchsperiode, die das tiefste Stadium des Rausches bezeichnet, treten eigentümliche Handstellungen auf Die liegende V.P, hält die Unterarme von sich gestreckt, die Hand liegt gespreizt und die Finger etwas gekrümmt. Mitunter wechselt die Stellung, so daß die Hand nach oben gehalten wird. Die jeweiligen Stellungen werden oft lange Zeit, bis zu 10 min festgehalten. An die Beobachtung dieses Phänomens knüpft B. wichtige Erörterungen über das Verstehen der katatonen Haltung. Die V.P. interpretiert das Wesen der Katatonie auf der einen Seite, auf der anderen Seite erläutert sie es mit Beziehung auf bestimmte jeweils gegenwärtige Vorstellungskreise. Sie macht zunächst darauf aufmerksam, daß sie nicht ohne Überraschung beim Öffnen der Augen hätte feststellen können, daß ihre Hände in Wirklichkeit anders standen als sie meinte, daß sie ständen. Hiermit verbindet sie eine sehr merkwürdige Erklärung ihres mehr oder weniger magischen Einflusses auf den V.L. {Versuchsleiter). Sie sagt nämlich: »Die wirkliche Stellung meiner Hände ist eine ganz andere als ich sie im Bewußtsein habe, welches Sie von meinem Gesichtsausdruck ablesen können. Es entsteht derart für Sie eine ungeheuere Spannung zwischen meinem Gesichtsausdruck und meiner Körperhaltung. Diese Spannung übt auf Sie magische Gewalt aus.« Ein kleines Exempelaus dem katatonen Vorstellungskreis schließt sich daran: »Meine Hand«, sagt die V.P., »ist jetzt ebensogut ein Stadtbrunnen (?) wie die Königin von Saba. Sie hat einen Sockel auf den kann man schreiben, was man als Denkmal sich wünscht:

Diese Hand ist allerhand. Meine Hand ist sie genannt.«

Die eigentliche Deutung der Katatonie ist nun folgender Die V.P. vergleicht die fixierte Stellung ihrer Hand mit dem Umriß einer Zeichnung, den ein Zeichner ein für allemal festgelegt hat. Wie es nun diesem Zeichner möglich sei, durch unzählige Änderungen in der Schraffierung sein Bild immer wieder neu zu verändern oder neu zu nuancieren, so sei es auch dem Katatoniker möglich, durch winzige Änderungen in der Innervation, die mit der katatonischen Haltung verbundenen Vorstellungskreise zu verändern. Die außerordentliche Ökonomieersparnis dieses Verfahrens stellt einen Lustgewinn dar. Auf diesen Lustgewinn kommt es dem Katatoniker an.

Eine bestimmte Gebärde der V.P. erweckt F.s Aufmerksamkeit. Die V.P. läßt ihre erhobenen Hände, die sich nicht berühren, ganz langsam und in großem Abstand von ihrem Gesicht über dieses hingleiten. Der V.L. erklärt später, die zwingende Vorstellung des Fliegens dabei gehabt zu haben. B. erklärt ihm das so: Die Hände zogen ein Netz zusammen, aber es war nicht nur ein Netz über seinem Kopf, sondern über dem Weltraum. Daher die Vorstellung des Fliegens bei F..

Ausführungen über das Netz: B. schlägt vor, die ziemlich belanglose Hamlet-Frage: Sein oder Nichtsein, so zu variieren: Netz oder Mantel, das ist hier die Frage. Er erklärt, daß das Netz für die Nachtseite und alles Schauervolle des Daseins steht. »Schauer«, erklärt er, »ist der Schatten des Netzes auf dem Leib. Im Schauer bildet die Haut ein Netzwerk nach.« Diese Erklärung erfolgt im Anschluß an einen Schauer, der der V.P. über den Leib ging.

Bei der Frage, ob F. nach Hause gehen könne, entsteht ein Zustand des Zweifels und der Verzweiflung. Die Atmung verstärkt sich, häufiges Stöhnen, heftige ruckartige Bewegungen mit der Schulter, Erscheinungen, die übrigens schon vorher in einem ähnlichen Zustand aufgetreten waren. F. entscheidet sich zum Bleiben und das ändert nichts an der trostlosen Traurigkeit der V.P. Sie nennt Traurigkeit den Schleier, der unbewegt hängt und sich nach einem Hauch sehnt, der ihn lüftet.

Eingeleitet mit einem Witz: die Elisabeth wird nicht eher ruhen bis man aus dem Nietzsche-Archiv ein Förster-Haus gemacht hat. Das Bild des Försterhauses ist in der V.P. von außerordentlicher Anschaulichkeit. Im Laufe ihrer Berichte erscheint es bald als Schule, bald als Hölle, bald als Bordell. Die V.P. ist ein verstockter, verbockter Pfosten am hölzernen Treppengeländer des Forsthauses. Sie denkt dabei an irgendeine Schnitzerei, in der sich unter Ornamenten auch Tierformen befinden und erklärt sie für gleichsam heruntergekommene Abkömmlinge des Totem-Baums. Das Försterhaus hat etwas von jenen roten Ziegelbauten, die mit besonders dunklem, blutigem Rot auf den Modellier-Bilderbogen prangten. Es hat dann auch wieder etwas von Bauten, die man mit dem Anker-Steinbaukasten machte. Zwischen den Ritzen der Mauersteine wachsen Haarbüschel vor.

Das Försterhaus war neben dem Netz die stärkste Bildvorstellung. Gemsenfuß im Försterhaus: V.P. beruft sich mit größter Energie auf das Hähnchen und das Hühnchen auf dem Nußberge und das Lumpengesindel, wo doch das Försterhaus vorkäme.

Gelegentliche Bemerkung, daß Kinder am besten mit Süßigkeiten getröstet werden. Diese Süßigkeiten treten erneut ins Bewußtsein, als im Laufe einer katatonen Handstellung die Hände als mit Zukker begossen bezeichnet werden. Daran schließt sich die Offenbarung über das Geheimnis des Struwwelpeters, die aber dem V.L. nach immer neuen feierlichen Ankündigungen immer von neuem vorenthalten wird. (Strafe für die geringe Dosis.)

Das Geheimnis des Struwwelpeters: Diese Kinder sind alle nur ungezogen, weil ihnen keiner was schenkt. Das Kind, das ihn liest, ist aber artig, weil es schon auf der ersten Seite so viel geschenkt bekommen hat. Ein kleiner Geschenkregen fällt da auf der ersten Seite vom dunklen Himmel. In Schauern wie die Regenschauer fallen Geschenke auf das Kind herunter, die ihm die Welt verschleiern. Ein Kind muß Geschenke kriegen, sonst wird es wie die Kinder im Struwwelpeter sterben oder kaputtgehen oder fortfliegen. Das ist das Geheimnis des Struwwelpeters.

Unter anderen Bemerkungen: Die Fransen sind wichtig. An den Fransen erkennt man das Gewebe. Wollquatsch.

Aufzeichnungen zu demselben Versuch

Wesen der Mutter: das Geschehene ungeschehen machen. Das Leben im Fluß der Zeit abwaschen.

Weibliche Werke: Säumen Knoten Flechten Weben

»Netz oder Mantel – das ist hier die Frage«

Schauer – der Schatten des Netzes auf dem Leibe. Im Schauer bildet die Haut ein Netzwerk nach. Das Netz ist aber das Weltennetz: in ihm ist die ganze Welt gefangen.

Säumen – das Säumen der Kinder, das Trödeln: sie ziehen die Fransen aus den Erlebnissen, strähnen sie. Darum trödeln die Kinder, »Saumseligkeit« – so könnte man wohl den besten Teil dieses Glücksgefühls nennen. Erst erfährt Faust bei den Müttern das Schaudern; dann kommt der Augenblick, wo er säumig wird. Mitten in der männlichen Arbeit überrascht ihn der Augenblick. Das ist der Augenblick, in dem die Mutter ihn heimholt.

Zweierlei Webstoff: pflanzlicher, tierischer. Haarbüschel, Pflanzenbüschel. Das Geheimnis des Haars: auf der Grenze zwischen Pflanze und Tier. Aus den Ritzen des Försterhauses wachsen Haarbüschel.

Das Försterhaus: (aus dem Nietzschearchiv hat sie ein Försterhaus gemacht) das Försterhaus ist aus roten Steinen. Ich bin eine Stange seines Treppengeländers: ein verbockter, verstockter Ständer. Aber das ist nicht mehr der Totembaum, nur ein kümmerliches Abbild von ihm. Gemsenfuß oder Pferdehuf des Teufels; ein Vaginasymbol.

Netz, Mantel, Saum und Schleier. Traurigkeit, der Schleier, der unbewegt hängt und sich nach einem Hauch sehnt, der ihn lüftet. Haarfeine Ornamente: auch diese Muster kommen aus der Webwelt.

Gedicht auf die Hand: Diese Hand / ist aller Hand / meine Hand / ist sie genannt. Sie hat einen Sockel, auf den kann man schreiben, was man als Denkmal sich wünscht. Sie ist wo anders als ich glaube, daß sie sich befindet. Die Hand des Katatonikers und seine Lust: mit dem Mindestmaß von Innervationswechsel verbindet er das Höchstmaß von Wechsel der Vorstellungen. Diese Ersparnis ist seine Lust. Es ist wie ein Zeichner, der ein für allemal den Umriß seiner Zeichnung gebildet hat und nun durch Millionen immer neuer Schraffierungen immer neue Bilder aus ihr herausholt.

Ungezogenheit ist der Verdruß des Kindes darüber, daß es nicht zaubern kann. Seine erste Erfahrung der Welt ist nicht, daß die Erwachsnen stärker sondern, daß es nicht zaubern kann. Die Lust, die bei alledem ist, steckt im Kommen: Fühlen der Phasen.

Das Geheimnis des Struwwelpeters: diese Kinder sind alle nur ungezogen, weil ihnen keiner was schenkt. Darum ist das Kind, das ihn liest, artig, weil es schon auf der ersten Seite soviel geschenkt bekommt. Ein kleiner Geschenkregen fällt da vom dunklen Nachthimmel. So regnet es unaufhörlich in Kinderwelten. In Schleiern, wie die Regenschleier sind, fallen Geschenke auf das Kind herunter, die ihm die Welt verschleiern. Ein Kind muß Geschenke kriegen sonst wird es wie die Kinder im Struwwelpeter sterben oder kaputtgehen oder fortfliegen. Das ist das Geheimnis des Struwwelpeters.

Weisheit der Ungezogenheit

Nebelwelt der Affekte (die Affekte sind zuerst nicht geschieden) Lachen stellt eine Lebensrettung dar (Verteidigung), beim Kitzeln Moment, wo ich die Rorschachbilder anfasse, kann ich nichts mehr sagen

Pelikanschäfchen

Königin von Saba und Brunnen: die Hand

Wachshand

Anspruch auf Palmen